Impressum
Verlag: BABADADA GmbH, Nedderfeld 112 , 22529 Hamburg
Geschäftsführer / Verlagsleitung: Harald Hof
Druck: Books on Demand GmbH, In de Tarpen 42, 22848 Norderstedt

Imprint
Publisher: BABADADA GmbH, Nedderfeld 112 , 22529 Hamburg, Germany
Managing Director / Publishing direction: Harald Hof
Print: Books on Demand GmbH, In de Tarpen 42, 22848 Norderstedt

el colegio
škola

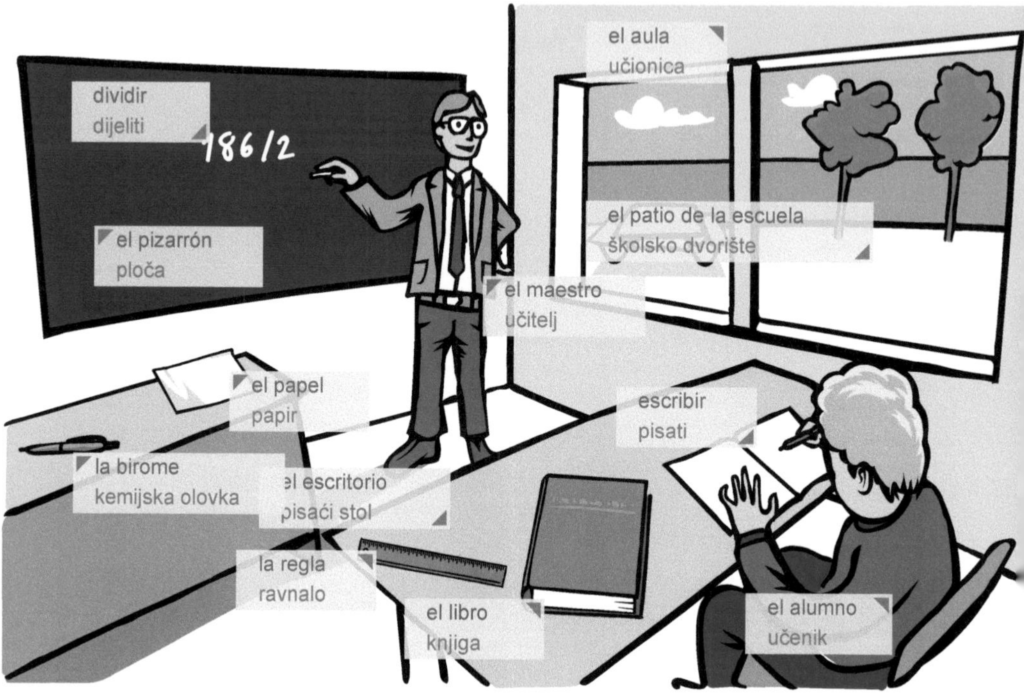

el aula
učionica
dividir
dijeliti
186/2
el pizarrón
ploča
el patio de la escuela
školsko dvorište
el maestro
učitelj
el papel
papir
escribir
pisati
la birome
kemijska olovka
el escritorio
pisaći stol
la regla
ravnalo
el libro
knjiga
el alumno
učenik

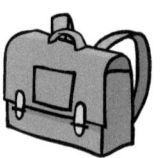

la mochila
torba

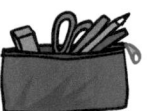

la caja de lápices
pernica

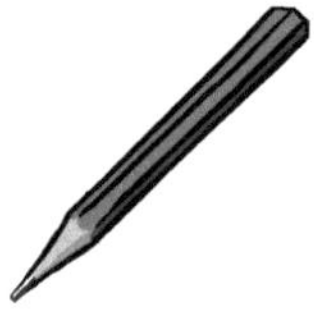

el lápiz
grafitna olovka

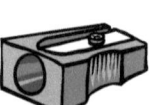

el sacapuntas
šiljilo za olovke

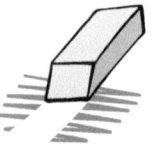

la goma (de borrar)
gumica za brisanje

el bloc de dibujo
blok za crtanje

el dibujo
crtež

el pincel
kist

la caja de pinturas
kutija s bojama

la tijera
makaze

el pegamento
ljepilo

el cuaderno de ejercicios
bilježnica

la tarea
domaći zadatak

el número
broj

2+2

sumar
sabirati

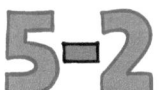

restar
oduzimati

multiplicar
množiti

calcular
računati

la letra
slovo

el abecedario
abeceda

la palabra
riječ

el texto

tekst

leer

čitati

la tiza

kreda

la lección

sat

el cuaderno de clase

dnevnik

el examen

ispit

el certificado

svjedodžba

el uniforme escolar

školska uniforma

la educación

obrazovanje

la enciclopedia

leksikon

la universidad

sveučilište

el microscopio

mikroskop

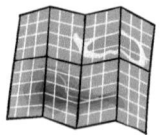

el mapa

karta

el tacho (de basura)

košara za papir

el viaje
putovanje

el hotel
hotel
Grand
el hostel
prenoćište
ROOMS
la casa de cambio
mjenjačnica
EXCHANGE
la valija
kofer
el auto
auto

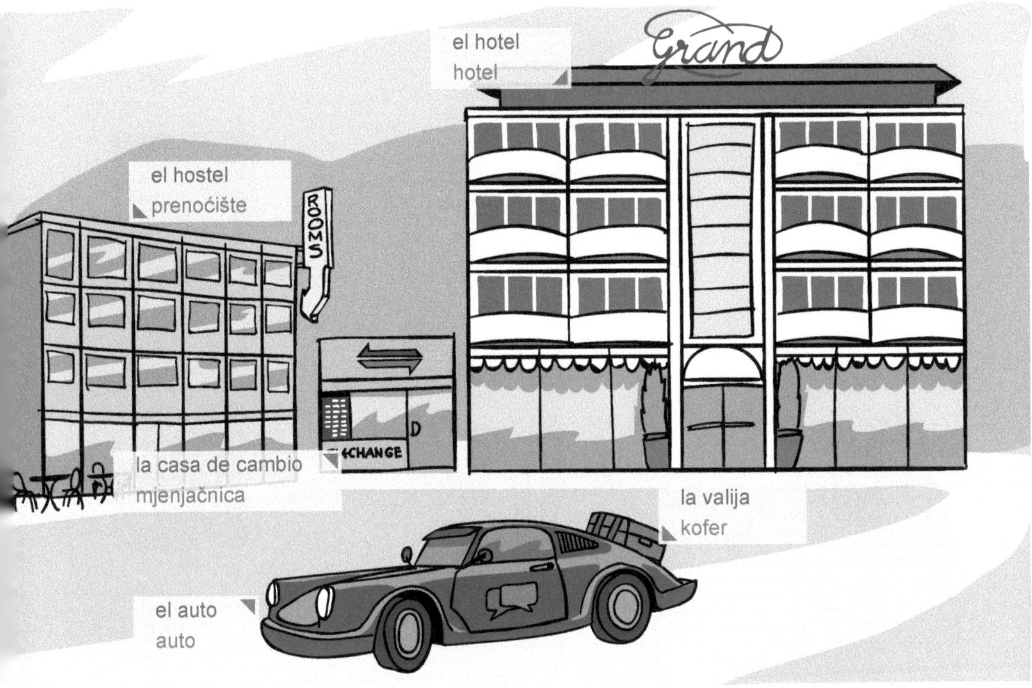

el idioma
jezik

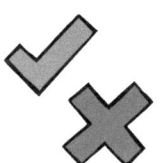

sí / no
da / ne

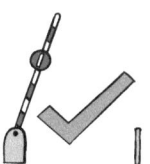

Está bien
okay

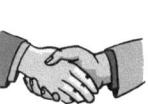

hola
zdravo

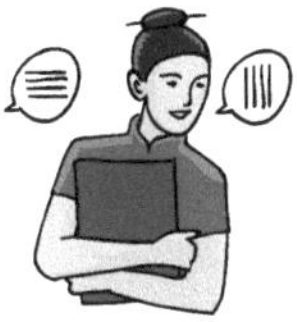

el traductor
prevoditelj

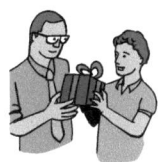

Gracias
hvala

¿cuánto cuesta…?

Koliko košta…?

No entiendo

ne razumijem

el problema

problem

¡Buenas tardes!

dobro veče!

¡Buenos días!

Dobro jutro!

¡Buenas noches!

Laku noć!

el adiós

doviđenja

la dirección

smjer

el equipaje

prtljaga

el bolso

torba

la mochila

ruksak

el invitado

gost

la habitación

soba

la bolsa de dormir

vreća za spavanje

la carpa

šator

la información turística

turističke informacije

la playa

plaža

la tarjeta de crédito

kreditna kartica

el desayuno

doručak

el almuerzo

ručak

la cena

večera

el pasaje

karta za vožnju

el ascensor

dizalo

el sello

poštanska markica

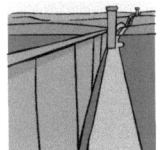

la frontera

granica

la aduana

carina

la embajada

ambasada

la visa

viza

el pasaporte

putovnica

el transporte
transport

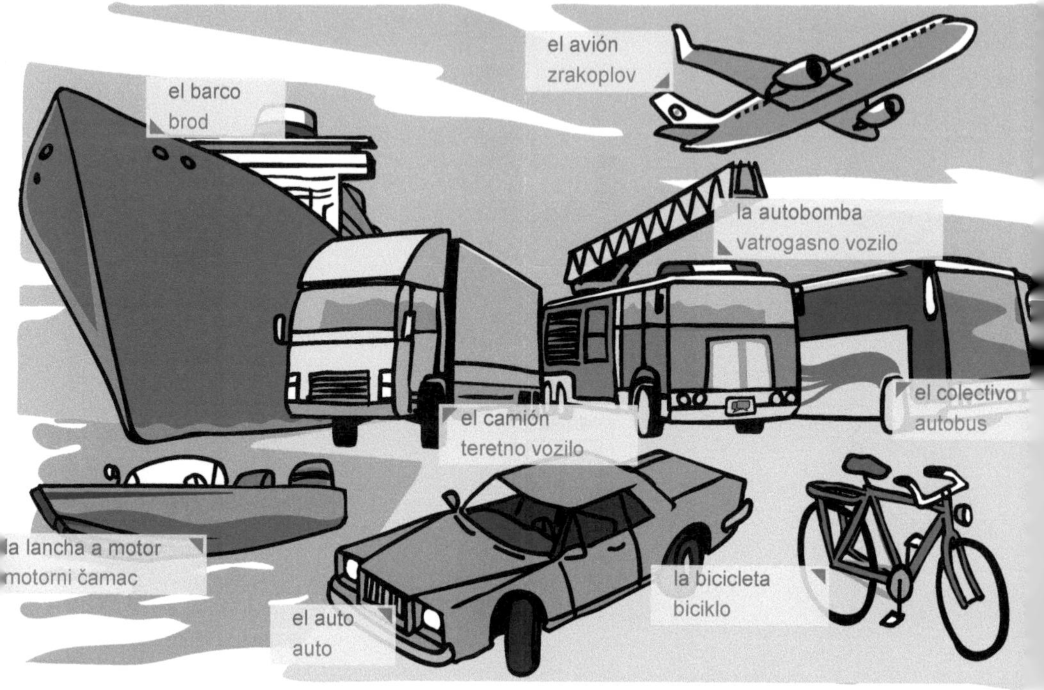
el avión
zrakoplov
el barco
brod
la autobomba
vatrogasno vozilo
el colectivo
autobus
el camión
teretno vozilo
la lancha a motor
motorni čamac
la bicicleta
biciklo
el auto
auto

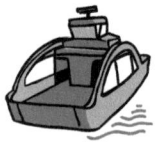

el ferry

trajekt

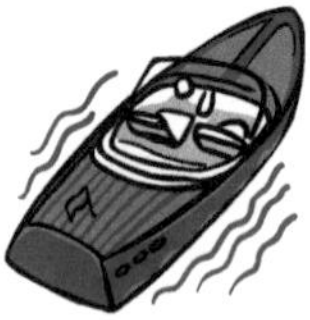

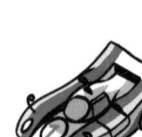

el bote

čamac

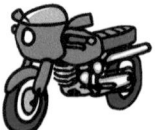

la moto

motocikl

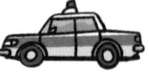

el patrullero

policijski auto

el auto de carreras

trkaći auto

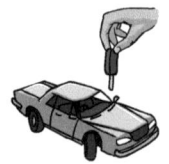

el auto de alquiler

iznajmljeno auto

el alquiler de autos

dijeljenje automobila

la grúa

vučno vozilo

el camión de la basura

vozilo za odvoz smeća

el motor

motor

la nafta

benzin

la estación de servicio

benzinska postaja

la señal de tránsito

prometni znak

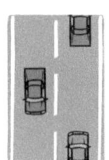

el tránsito

promet

el embotellamiento

zastoj

el estacionamiento

parkiralište

la estación de tren

kolodvor

las vías

šine

el tren

vlak

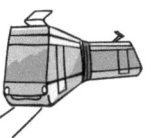

el tranvía

tramvaj

el vagón

vagon

el helicóptero

helikopter

el aeropuerto

zrakoplovna luka

la torre

toranj

el pasajero

putnik

el contenedor

kontejner

la caja de cartón

karton

la carretilla

kolica

la canasta

košara

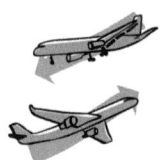

despegar / aterrizar

uzletjeti / sletjeti

la ciudad

grad

el pueblo

selo

el centro de la ciudad

centar grada

la casa

kuća

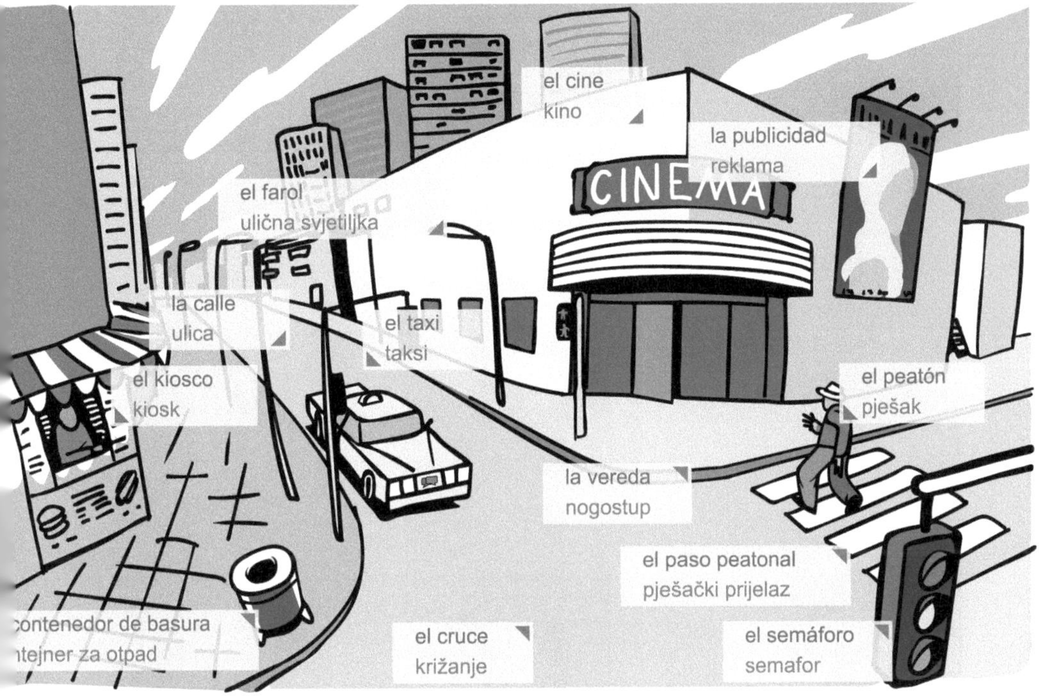

el cine
kino

la publicidad
reklama

el farol
ulična svjetiljka

la calle
ulica

el taxi
taksi

el kiosco
kiosk

el peatón
pješak

la vereda
nogostup

el paso peatonal
pješački prijelaz

contenedor de basura
kontejner za otpad

el cruce
križanje

el semáforo
semafor

la cabaña
koliba

el departamento
stan

la estación de tren
kolodvor

la municipalidad
vijećnica

el museo
muzej

el colegio
škola

la ciudad - grad

la universidad
sveučilište

el banco
banka

el hospital
bolnica

el hotel
hotel

la farmacia
ljekarna

la oficina
ured

la librería
knjižara

el negocio
prodavaonica

la florería
cvjećara

el supermercado
supermarket

el mercado
trg

las grandes tiendas
robna kuća

la pescadería
ribarnica

el centro comercial
trgovački centar

el puerto
luka

el parque
park

el banco
klupa

el puente
most

las escaleras
stepenice

el subte
podzemna željeznica

el túnel
tunel

la parada del colectivo
autobusna stanica

el bar
bar

el restaurante
restoran

el buzón
poštansko sanduče

el letrero
ulični znak

el parquímetro
parkirni sat

el zoológico
zoološki vrt

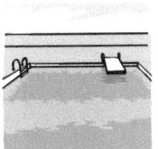

la pileta
bazen

la mezquita
džamija

la granja

seosko gazdinstvo

la contaminación

zagađenje okoliša

el cementerio

groblje

la iglesia

crkva

los juegos infantiles

igralište

el templo

hram

el paisaje
krajolik

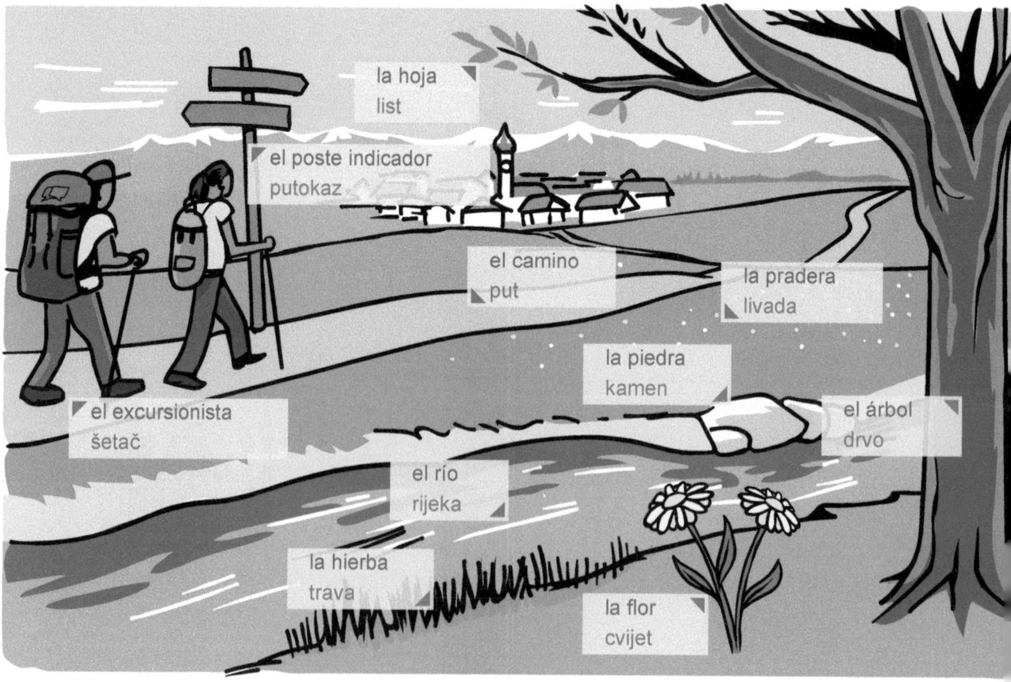

la hoja
list

el poste indicador
putokaz

el camino
put

la pradera
livada

la piedra
kamen

el árbol
drvo

el excursionista
šetač

el río
rijeka

la hierba
trava

la flor
cvijet

el valle
dolina

la montaña
planina

el lago
jezero

el bosque
šuma

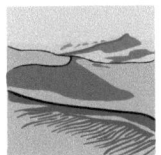

el desierto
pustinja

el volcán
vulkan

el castillo
dvorac

el arco iris
duga

el champiñón
gljiva

la palmera
palma

el mosquito
moskito

la mosca
muha

la hormiga
mrav

la abeja
pčela

la araña
pauk

el escarabajo

buba

la rana

žaba

la ardilla

vjeverica

el erizo

jež

la liebre

zec

la lechuza

sova

el pájaro

ptica

el cisne

labud

el jabalí

divlja svinja

el ciervo

jelen

el alce

los

la presa

nasip

el aerogenerador

vjetrenjača

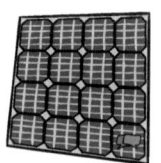

el panel solar

solarna ploča

el clima

klima

el restaurante
restoran

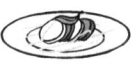

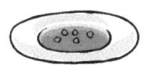

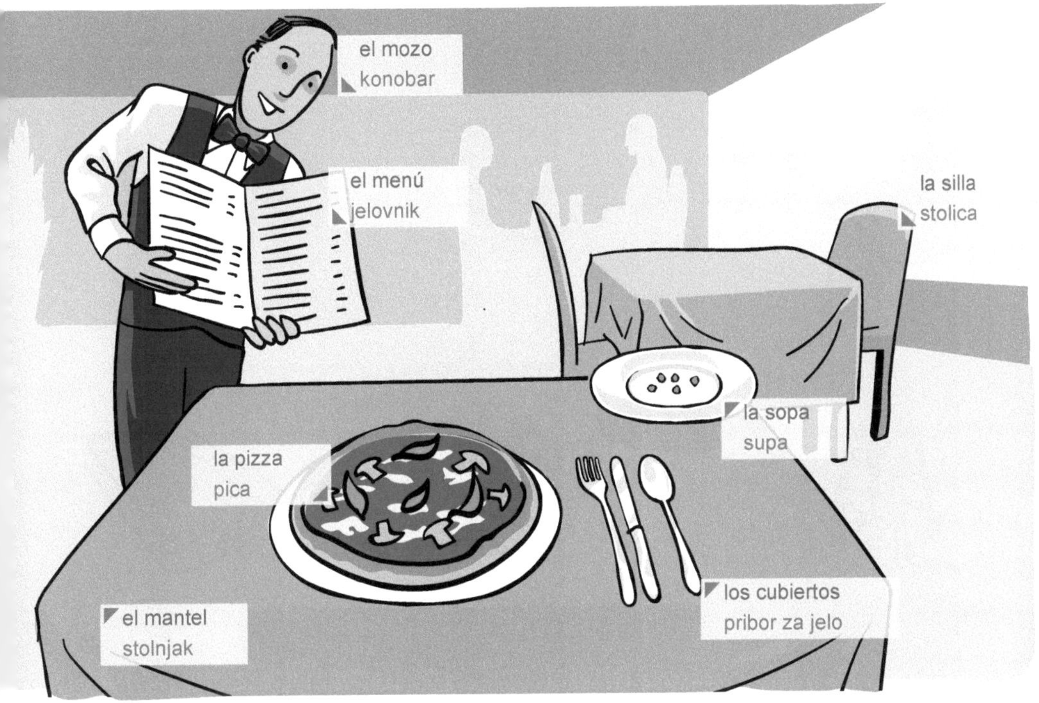
el mozo
konobar
el menú
jelovnik
la silla
stolica
la sopa
supa
la pizza
pica
los cubiertos
pribor za jelo
el mantel
stolnjak

la entrada
predjelo

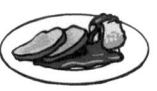

el plato principal
glavno jelo

el postre
desert

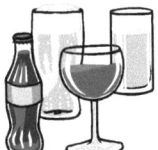

las bebidas
napitci

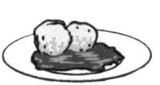

la comida
jelo

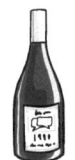

la botella
boca

la comida rápida

fastfood

la comida callejera

imbis hrana

la tetera

čajnik

la azucarera

doza za šećer

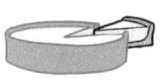

la porción

porcija

la cafetera expreso

aparat za espresso

la sillita alta

visoka stolica

la cuenta

račun

la bandeja

pladanj

el cuchillo

nož

el tenedor

vilica

la cuchara

žlica

la cucharita

čajna žlica

la servilleta

ubrus

el vaso

čaša

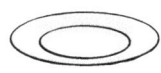

el plato

tanjur

el plato hondo

tanjur za supu

el plato

tanjurić

la salsa

sos

el salero

soljenka

el molinillo de pimienta

mlin za biber

el vinagre

ocat

el aceite

ulje

las especias

začini

el kétchup

kečap

la mostaza

senf

la mayonesa

majoneza

el supermercado

supermarket

la oferta especial
ponuda
FOR
el cliente
kupac
los lácteos
mliječni proizvodi
la fruta
voće
el changuito
kolica za kupnju

BUTCHERS

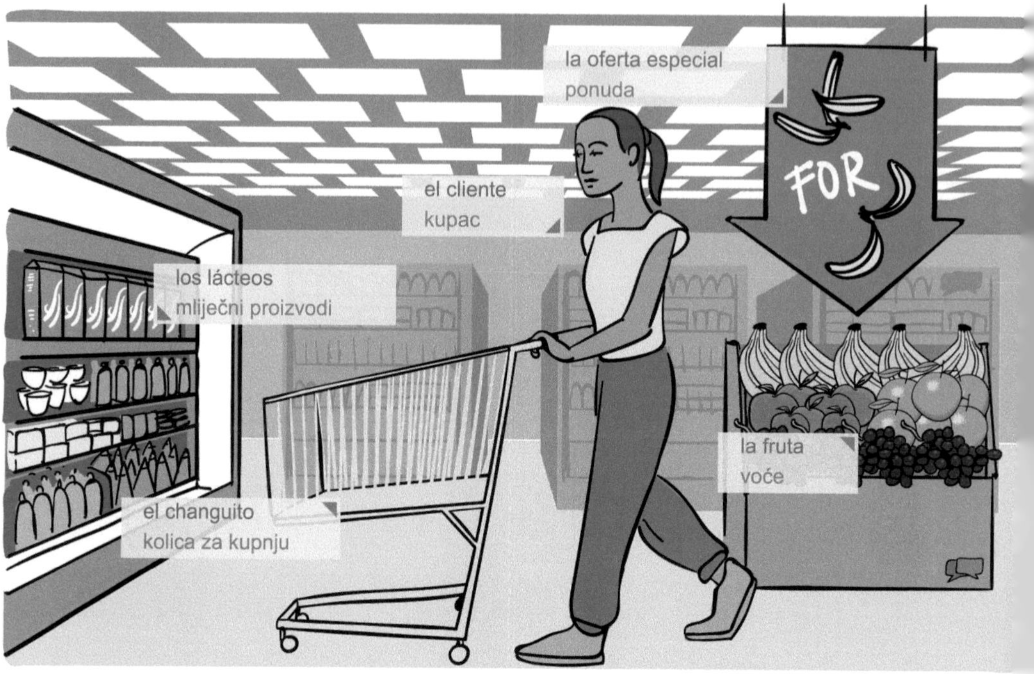

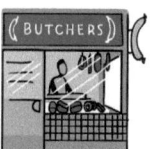

la carnicería

mesnica

BAKERY

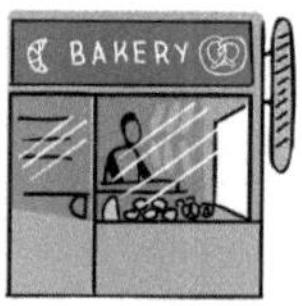

la panadería

pekarnica

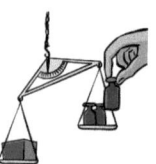

pesar

vagati

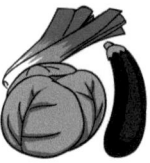

las verduras

povrće

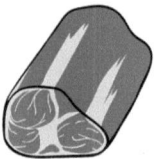

la carne

meso

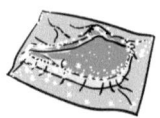

los alimentos congelados

duboko smrznuta hrana

los fiambres

narezak

los alimentos enlatados

konzerve

el detergente en polvo

sredstvo za pranje

las golosinas

slatkiši

los electrodomésticos

artikli za domaćinstvo

los productos de limpieza

sredstva za čišćenje

la vendedora

prodavačica

la caja

blagajna

el cajero

blagajnik

la lista de compras

lista za kupnju

el horario de atención

vrijeme rada

la billetera

novčanik

la tarjeta de crédito

kreditna kartica

la cartera

torba

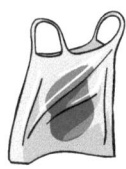

la bolsa de plástico

plastična vrećica

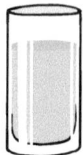

el agua

voda

el jugo

sok

la leche

mlijeko

la bebida cola

cola

el vino

vino

la cerveza

pivo

el alcohol

alkohol

el cacao

kakao

el té

čaj

el café

kava

el café expreso

espresso

el cappuccino

cappuccino

la banana

banana

la manzana

jabuka

la naranja

naranča

el melón

lubenica

el limón

limun

la zanahoria

mrkva

el ajo

češnjak

el bambú

bambus

la cebolla

luk

el champiñón

gljiva

las nueces

orašasti plodovi

los fideos

rezanci

los tallarines

špagete

el arroz

riža

la ensalada

salata

las papas fritas

pomfrit

las papas fritas

pečeni krumpir

la pizza

pica

la hamburguesa

hamburger

el sándwich

sendvič

el churrasco

šnicla

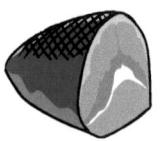

el jamón

pršut

el salame

salama

la salchicha

kobasica

el pollo

kokoš

el asado

pečenje

el pescado

riba

los copos de avena

zobene pahuljice

el muesli

musli

los copos de maíz

kukuruzne pahuljice

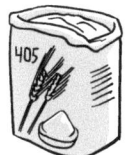

la harina

brašno

la medialuna

roščić

el pancito

pecivo

el pan

kruh

la tostada

toast

las galletitas

keksi

la manteca

maslac

la cuajada

svježi sir

la torta

kolač

el huevo

jaje

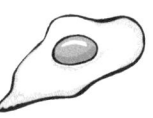

el huevo frito

jaje na oko

el queso

sir

el helado

sladoled

el azúcar

šećer

la miel

med

la mermelada

marmelada

la pasta de chocolate

nugat krema

el curry

curry

la granja
seosko gazdinstvo

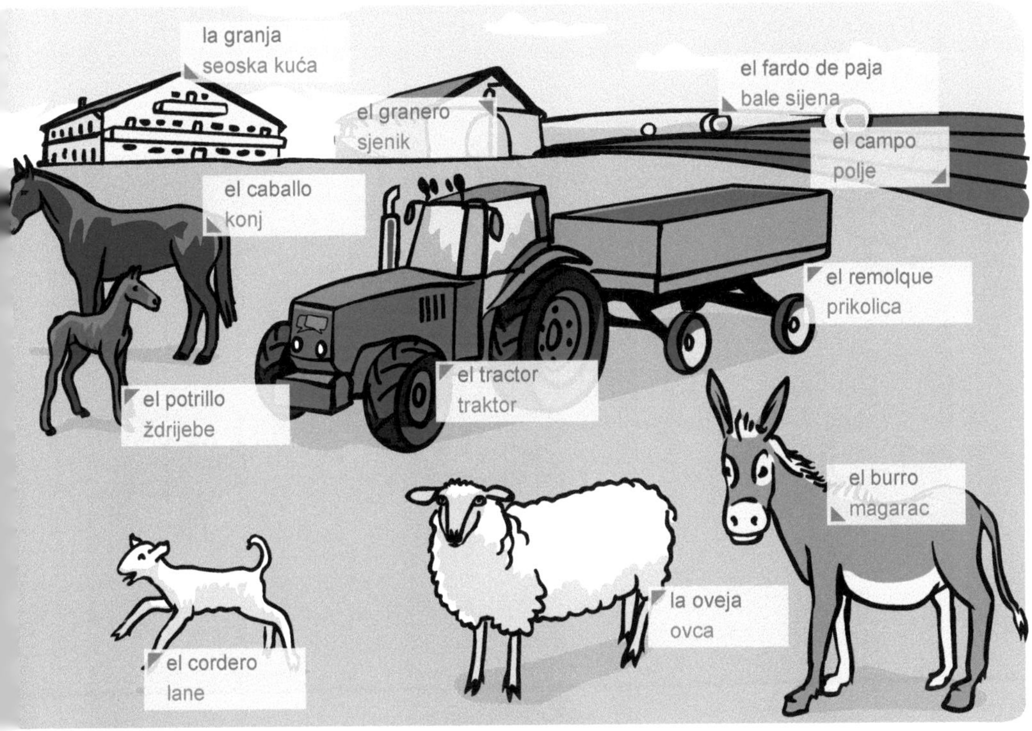
la granja
seoska kuća
el fardo de paja
bale sijena
el granero
sjenik
el campo
polje
el caballo
konj
el remolque
prikolica
el tractor
traktor
el potrillo
ždrijebe
el burro
magarac
la oveja
ovca
el cordero
lane

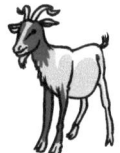

la cabra
koza

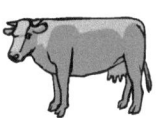

la vaca
krava

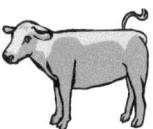

el ternero
tele

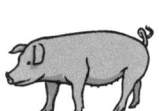

el cerdo
svinja

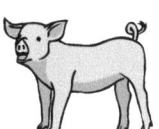

el lechón
prase

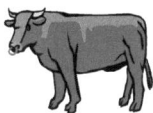

el toro
bik

el ganso

guska

el pato

patka

el pollo

pilići

la gallina

kokoš

el gallo

pijetao

la rata

pacov

el gato

mačka

el ratón

miš

el buey

vol

el perro

pas

la cucha

kućica za psa

la manguera

vrtno crijevo

la regadera

kanta za polijevanje

la guadaña

kosa

el arado

plug

la hoz
srp

la azada
motika

la horquilla
vilica za gnojivo

el hacha
sjekira

la carretilla
tačke

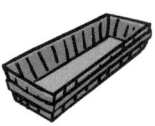

el abrevadero
korito

la lechera
posuda za mlijeko

la bolsa
vreća

la reja
ograda

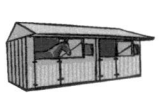

el establo
štala

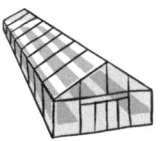

el invernadero
staklenik

el suelo
zemlja

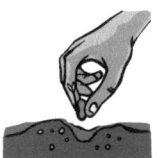

la semilla
sjeme

el fertilizador
gnojivo

la cosechadora
kombajn

cosechar

žanjati

la cosecha

žetva

las batatas

yams začin

el trigo

pšenica

la soja

soja

la papa

krumpir

el maíz

kukuruz

la semilla de colza

uljana repica

el árbol frutal

voćka

la mandioca

gomolj manioke

los cereales

žitarice

la casa
kuća

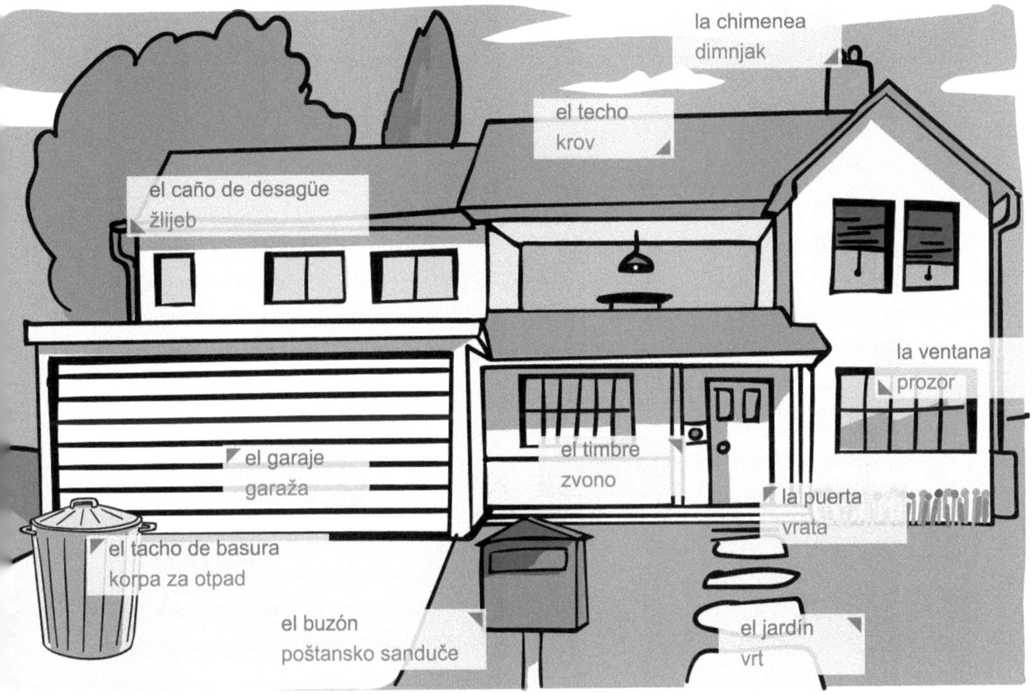
la chimenea
dimnjak
el techo
krov
el caño de desagüe
žlijeb
la ventana
prozor
el timbre
zvono
el garaje
garaža
la puerta
vrata
el tacho de basura
korpa za otpad
el buzón
poštansko sanduče
el jardín
vrt

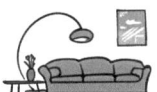

el living

dnevna soba

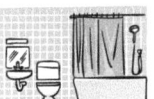

el baño

kupaonica

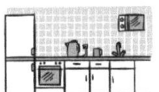

la cocina

kuhinja

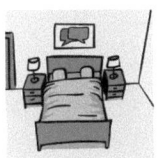

el dormitorio

spavaća soba

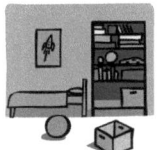

el cuarto de los chicos

dječija soba

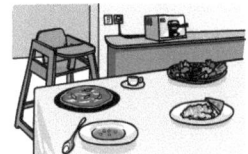

el comedor

trpezarija

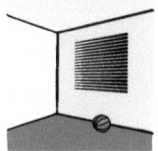

el piso
pod

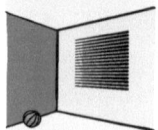

la pared
zid

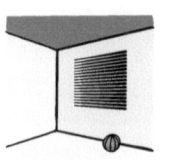

el cielorraso
strop

el sótano
podrum

el sauna
sauna

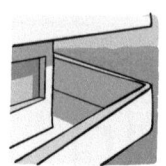

el balcón
balkon

la terraza
terasa

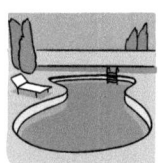

la pileta
bazen

la cortadora de pasto
kosilica za travu

la sábana
posteljina za krevet

el acolchado
deka za krevet

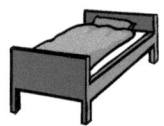

la cama
krevet

la escoba
metla

el balde
kanta

el interruptor
sklopka

el living
dnevna soba

el empapelado
tapeta
la imagen
slika
la lámpara
svjetiljka
el estante
regal
el armario
ormar
la televisión
televizija
la chimenea
kamin
la flor
cvijet
el almohadón
jastuk
el sofá
kauč
el florero
vaza
el control remoto
daljinski upravljač

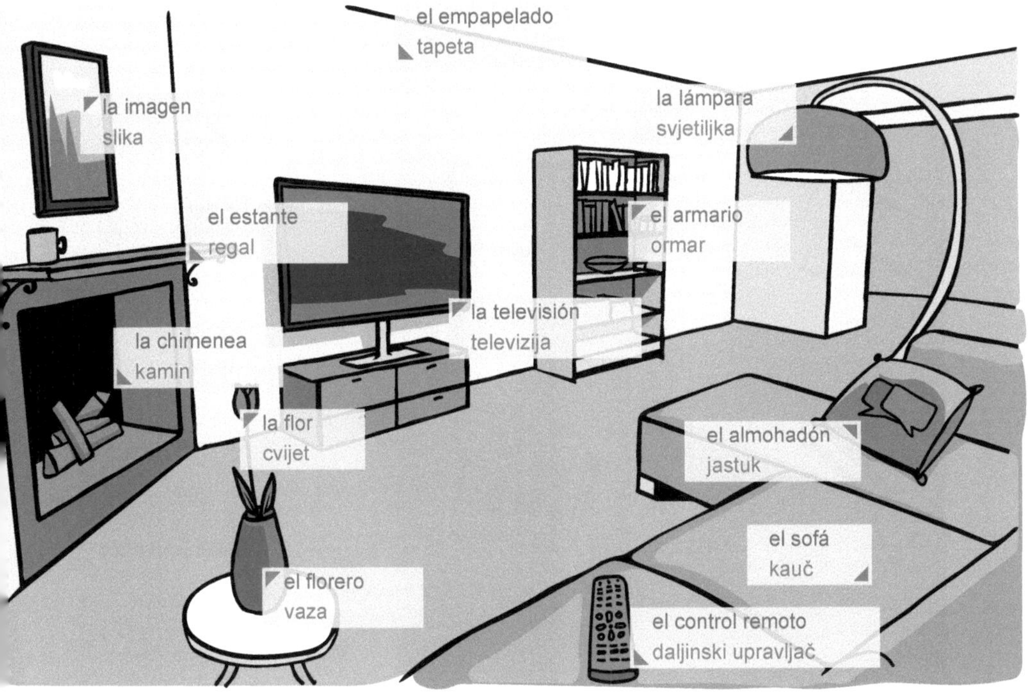

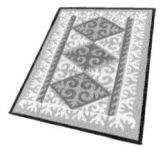

la alfombra

tepih

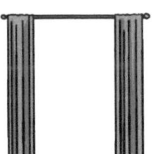

la cortina

zavjesa

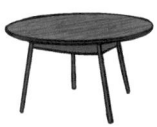

la mesa

stol

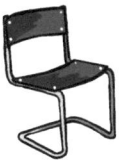

la silla

stolica

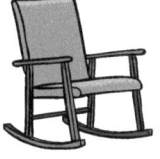

la mecedora

stolica za njihanje

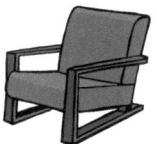

el sillón

fotelja

el libro

knjiga

la frazada

deka

la decoración

dekoracija

la leña

drvo za ogrjev

la película

film

el equipo de música

stereo uređaj

la llave

ključ

el diario

novine

la pintura

slika na platnu

el póster

poster

la radio

radio

el cuaderno

blok za pisanje

la aspiradora

usisavač

el cactus

kaktus

la vela

svijeća

la cocina
kuhinja

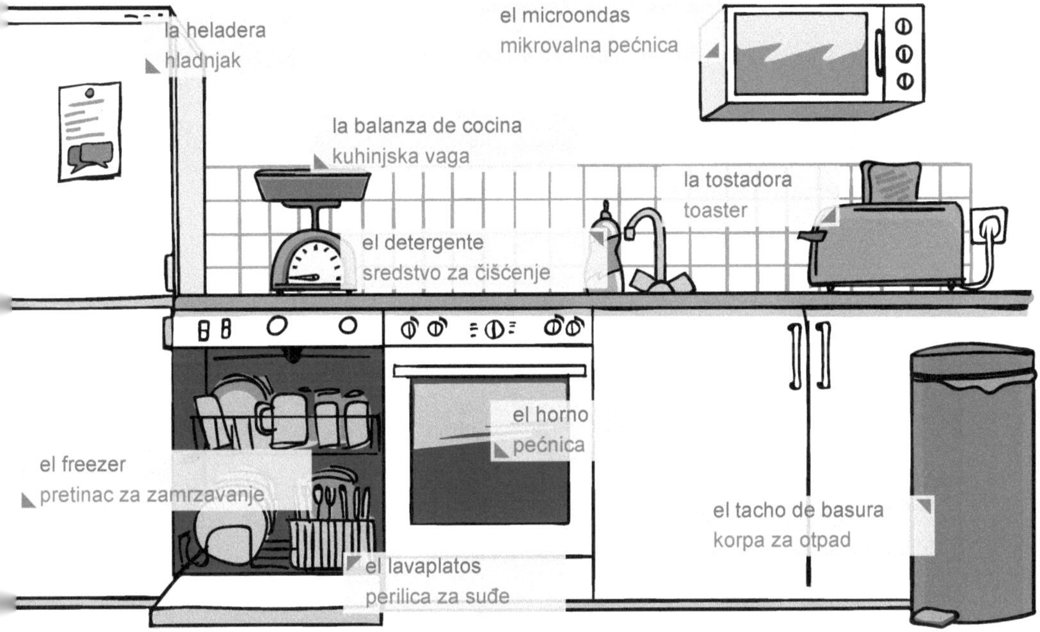

la heladera
hladnjak
el microondas
mikrovalna pećnica
la balanza de cocina
kuhinjska vaga
la tostadora
toaster
el detergente
sredstvo za čišćenje
el horno
pećnica
el freezer
pretinac za zamrzavanje
el tacho de basura
korpa za otpad
el lavaplatos
perilica za suđe

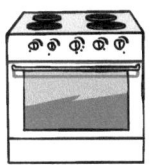

la cocina
....
štednjak

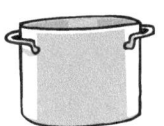

la olla
....
lonac

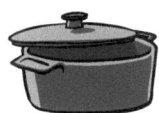

la olla de hierro fundido
....
željezni lonac

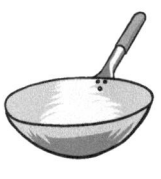

el wok
....
wok / kadai

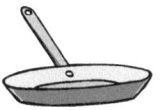

la sartén
....
tava

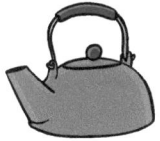

la pava
....
kuhalo za vodu

la vaporera

kuhalo na paru

la bandeja de horno

lim za pečenje

la vajilla

posuđe

la taza

čaša

el bol

zdjela

los palitos

štapići za jelo

el cucharón

kutljača

la espátula

lopatica

la batidora

pjenjača

el colador

sito za kuhanje

el colador

sito

el rallador

ribež

el mortero

mužar

la parrilla

roštilj

la fogata

ognjište

la tabla de picar
daska

el palo de amasar
oklagija

el sacacorchos
vadičep

la lata
konzerva

el abrelatas
otvarač konzervi

la manopla
krpa za lonac

la pileta
sudoper

el cepillo
četka

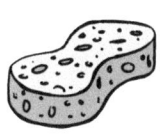

la esponja
spužva

la batidora
mikser

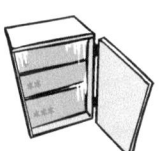

el congelador
zamrzivač

la mamadera
bočica za bebe

la canilla
slavina za vodu

el baño

kupaonica

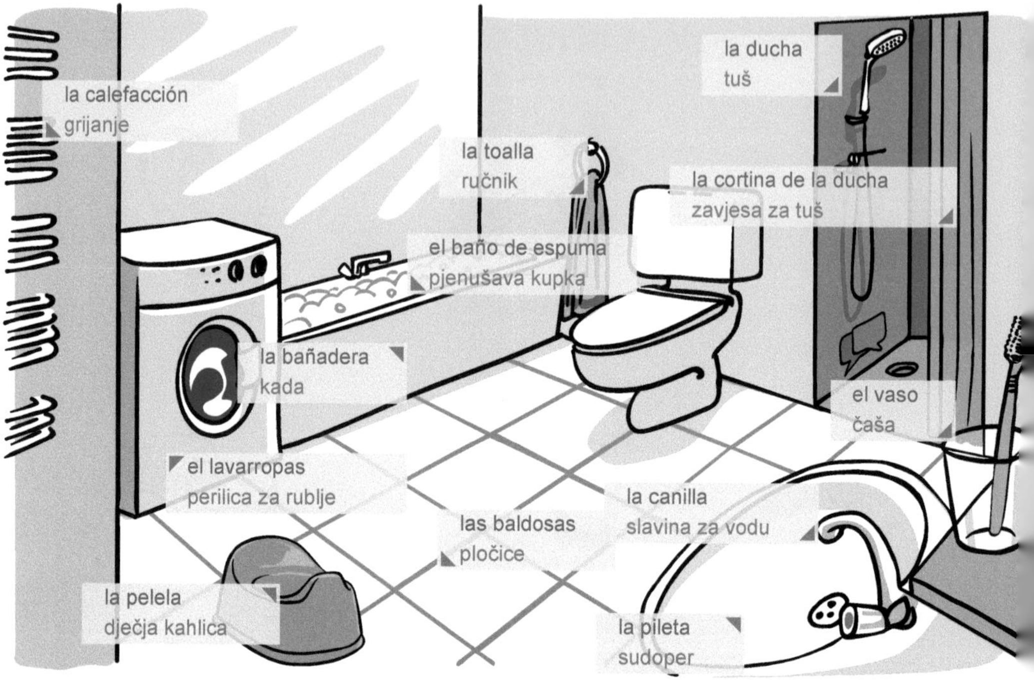

la calefacción
grijanje
la toalla
ručnik
la ducha
tuš
la cortina de la ducha
zavjesa za tuš
el baño de espuma
pjenušava kupka
la bañadera
kada
el vaso
čaša
el lavarropas
perilica za rublje
la canilla
slavina za vodu
las baldosas
pločice
la pelela
dječja kahlica
la pileta
sudoper

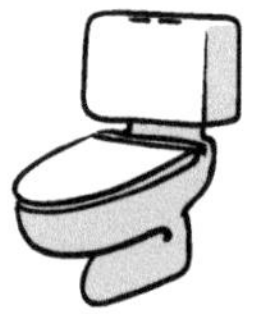

el inodoro

toalet

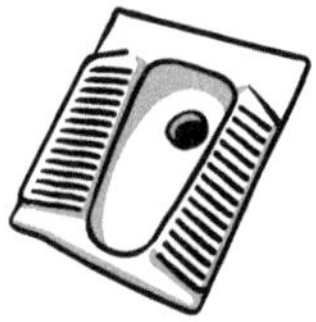

la letrina

čučavac

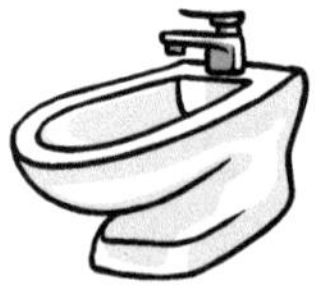

el bidé

bidet

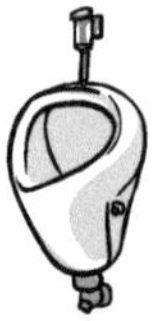

el mingitorio

pisoar

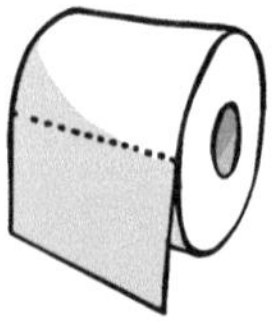

el papel higiénico

papir za toalet

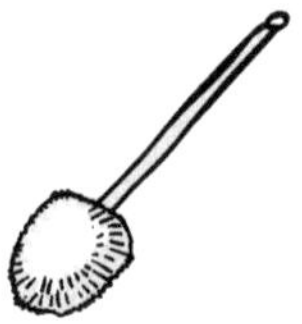

el cepillo para el inodoro

četka za toalet

el cepillo de dientes

četkica za zube

el dentífrico

pasta za zube

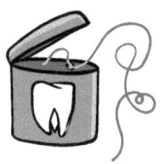

el hilo dental

konac za zube

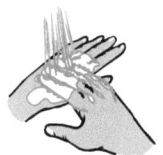

lavar

prati

la ducha de mano

tuš ručica

la ducha higiénica

tuš za pranje intimnih dijelova

la palangana

lavor

el cepillo para la espalda

četka za pranje leđa

el jabón

sapun

el gel de ducha

gel za tuširanje

el shampoo

šampon

la toallita

krpa za pranje

el desagüe

odvod

la crema

krema

el desodorante

dezodorans

el espejo

ogledalo

el espejito

kozmetičko ogledalo

la maquinita de afeitar

brijač

la espuma de afeitar

pjena za brijanje

el aftershave

losion za poslije brijanja

el peine

češalj

el cepillo

četka

el secador de pelo

sušilo za kosu

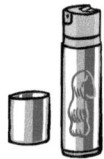

el spray

sprej za kosu

el maquillaje

makeup

el lápiz de labios

ruž za usne

el esmalte para uñas

lak za nokte

el algodón

vata

la tijera para uñas

škare za nokte

el perfume

parfem

el portacosméticos

neseser

la banqueta

stolica

la balanza

vaga

la bata

ogrtač

los guantes de goma

rukavice za čišćenje

el tampón

tampon

la toallita femenina

uložak

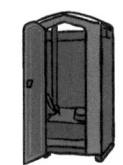

el baño químico

kemijski toalet

el cuarto de los chicos

dječija soba

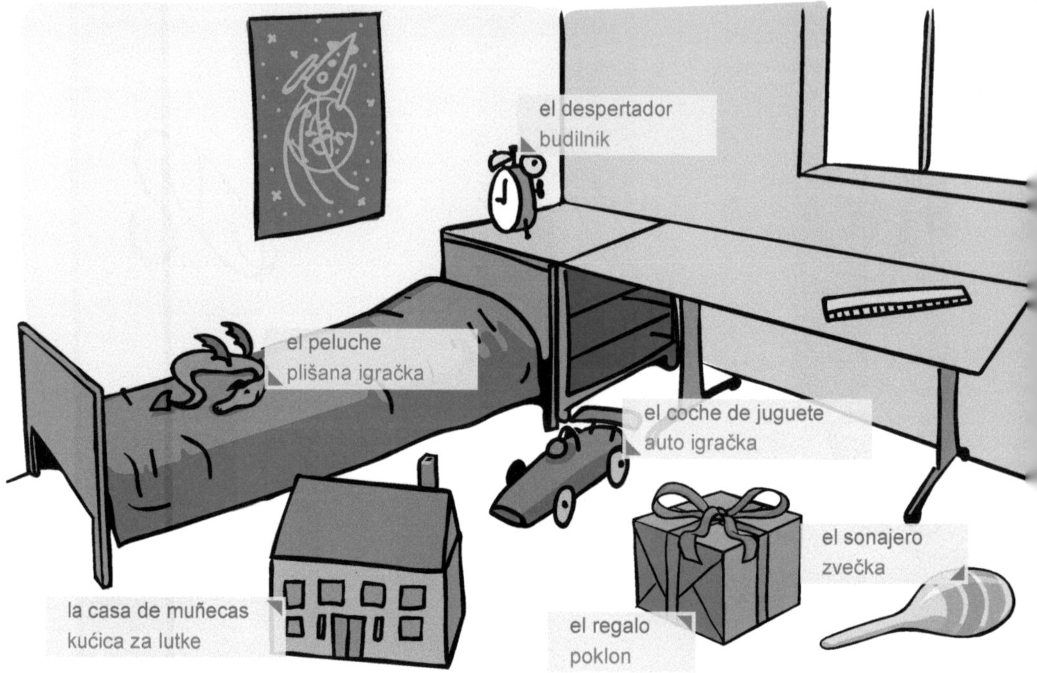
el despertador
budilnik
el peluche
plišana igračka
el coche de juguete
auto igračka
el sonajero
zvečka
la casa de muñecas
kućica za lutke
el regalo
poklon

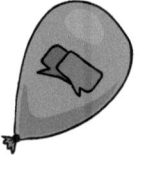

el globo
balon

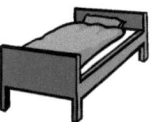

la cama
krevet

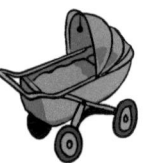

el cochecito
dječija kolica

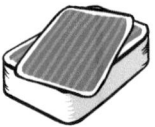

las cartas
igra s kartama

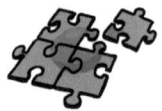

el rompecabezas
slagalica

SUPER
MEGA

la historieta
strip

las piezas de lego

lego kockice

los ladrillos de juguete

kockice za slaganje

la figura de acción

akcioni junak

el enterito (de bebé)

kombinezon za bebe

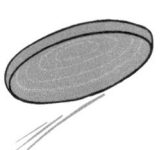

el frisbee

frizbi

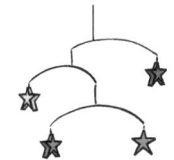

el móvil para bebés

viseće igračke

el juego de mesa

društvene igre

los dados

kocka

el tren eléctrico

minijaturna željeznica

el chupete

duda

la fiesta

tulum

el libro de cuentos ilustrado

slikovnica

la pelota

lopta

la muñeca

lutka

jugar

igrati

el arenero

pješčanik

la hamaca

ljuljačka

los juguetes

igračka

la consola de videojuegos

konzola za igre

el triciclo

tricikl

el osito de peluche

plišani medo

el armario

ormar

la ropa
odjeća

las medias

kratke čarape

las medias panty

čarape

las calzas

hulahopke

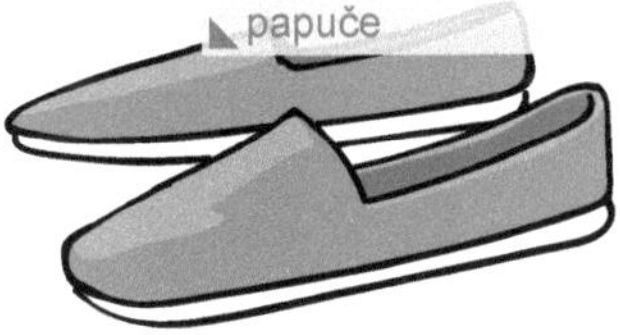

la bufanda
šal

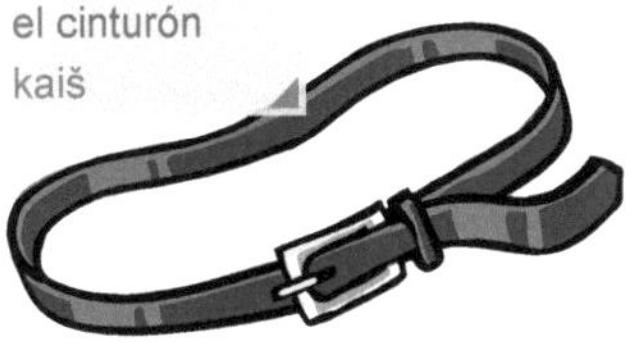

el paraguas
kišobran

el cinturón
kaiš

la remera
t-shirt

las botas
čizme

las pantuflas
papuče

las zapatillas
patike

las sandalias
sandale

los zapatos
cipele

las botas de goma
gumene čizme

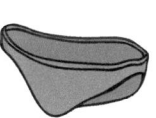

la ropa interior
gaćice

el corpiño
grudnjak

el chaleco
potkošulja

el body
bodi

los pantalones
hlače

los jeans
džins

la pollera
haljina

la blusa
bluza

la camisa
košulja

el pulóver
džemper

el buzo
pulover s kapuljačom

el blazer
blejzer

la campera
jakna

el tapado
kaput

el piloto
kabanica

el traje
kostim

el vestido
haljina

el vestido de novia
vjenčanica

el traje

odijelo

el camisón

spavaćica

el pijama

pidžama

el sari

sari

el pañuelo para la cabeza

rubac

el turbante

turban

la burka

burka

el caftán

kaftan

la abaya

abaja

el traje de baño

kupaći kostim

el short de baño

kupaće gaćice

los shorts

kratke hlače

el jogging

odjeća za trening

el delantal

pregača

los guantes

rukavice

el botón

gumb

los anteojos

naočale

la pulsera

narukvica

el collar

ogrlica

el anillo

prsten

el aro

naušnica

la gorra

kapa

la percha

vješalica

el sombrero

šešir

la corbata

kravata

el cierre

patent zatvarač

el casco

kaciga

los tiradores

naramenice

el uniforme escolar

školska uniforma

el uniforme

uniforma

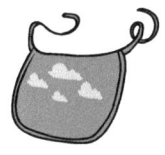

el babero
podbradak

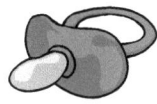

el chupete
duda

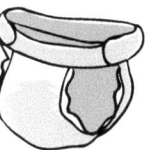

el pañal
pelena

la oficina
ured

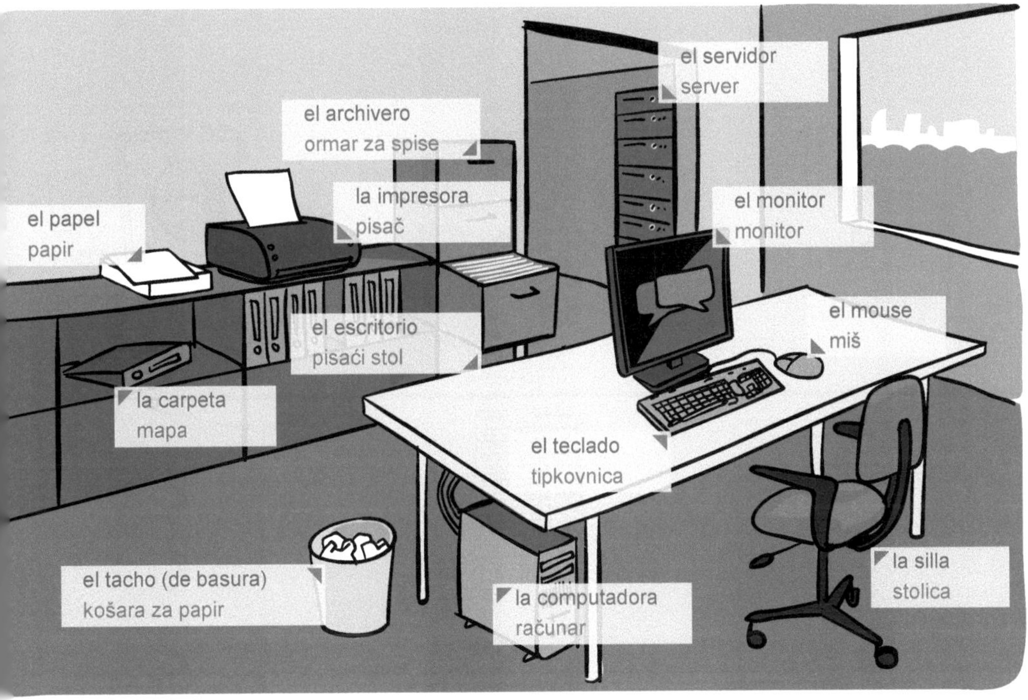
el servidor
server
el archivero
ormar za spise
la impresora
pisač
el papel
papir
el monitor
monitor
el mouse
miš
el escritorio
pisaći stol
la carpeta
mapa
el teclado
tipkovnica
el tacho (de basura)
košara za papir
la computadora
računar
la silla
stolica

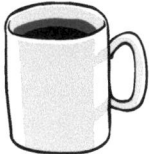

la taza de café
šalica za kavu

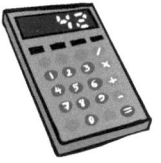

la calculadora
kalkulator

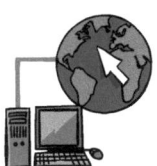

el internet
internet

la laptop

laptop

la carta

pismo

el mensaje

poruka

el celular

mobilni telefon

la red

mreža

la fotocopiadora

uređaj za kopiranje

el software

softver

el teléfono

telefon

el tomacorriente

utičnica

el fax

faks

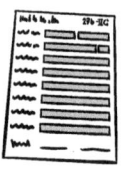

el formulario

obrazac

el documento

dokument

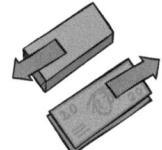

comprar

kupovati

pagar

platiti

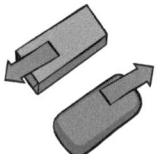

hacer negocios

trgovati

el dinero

novac

el dólar

dolar

el euro

euro

el yen

jen

el rublo

rubalj

el franco suizo

švicarski franak

el yuan

renmindbi yuan

la rupia

rupija

el cajero automático

automat za novac

la casa de cambio

mjenjačnica

el oro

zlato

la plata

srebro

el petróleo

nafta

la energía

energija

el precio

cijena

el contrato

ugovor

el impuesto

porez

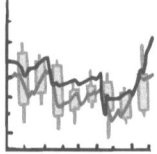

la acción

dionica

trabajar

raditi

el empleado

službenik

el empleador

poslodavac

la fábrica

tvornica

el negocio

prodavaonica

las ocupaciones
zanimanja

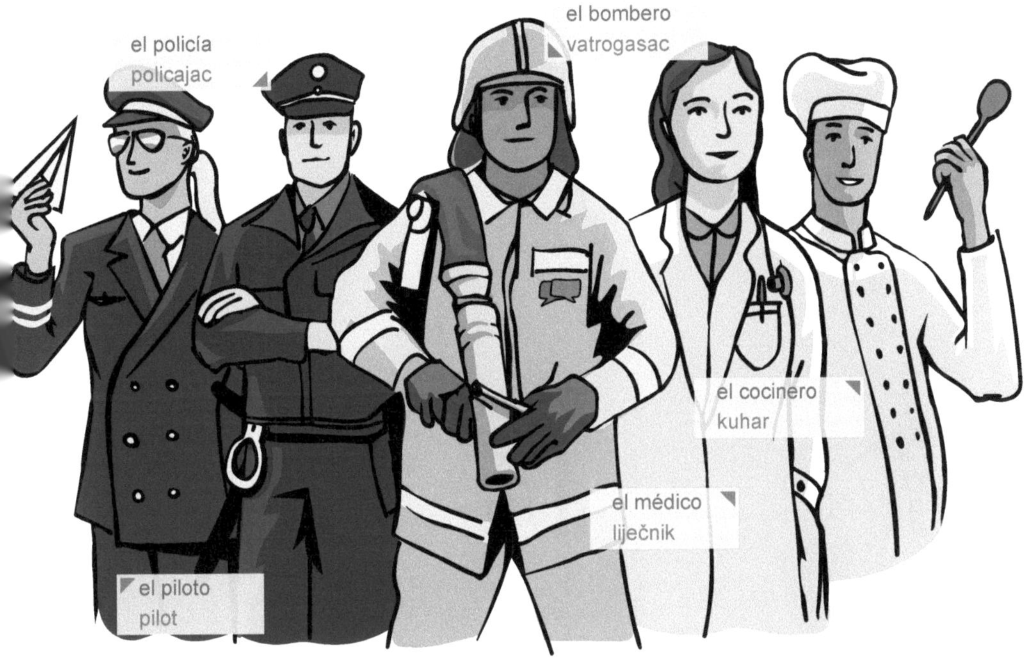
el policía
policajac
el bombero
vatrogasac
el cocinero
kuhar
el médico
liječnik
el piloto
pilot

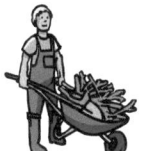

el jardinero

vrtlar

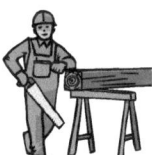

el carpintero

stolar

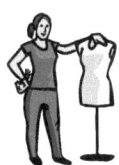

la modista

krojačica

el juez

sudija

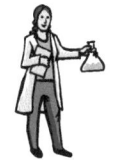

el farmacéutico

kemičar

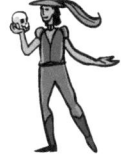

el actor

glumac

el colectivero

vozač autobusa

el taxista

vozač taksija

el pescador

ribar

la mucama

čistačica

el techista

krovopokrivač

el mozo

konobar

el cazador

lovac

el pintor

slikar

el panadero

pekar

el electricista

električar

el albañil

građevinski radnik

el ingeniero

inženjer

el carnicero

mesar

el plomero

limar

el cartero

poštar

el soldado

vojnik

el arquitecto

arhitekta

el cajero

blagajnik

el florista

cvjećar

el peluquero

frizer

el cobrador

kondukter

el mecánico

mehaničar

el capitán

kapetan

el dentista

zubar

el científico

znanstvenik

el rabino

rabi

el imán

imam

el monje

monah

el sacerdote

svećenik

las ocupaciones - zanimanja

las herramientas
alati

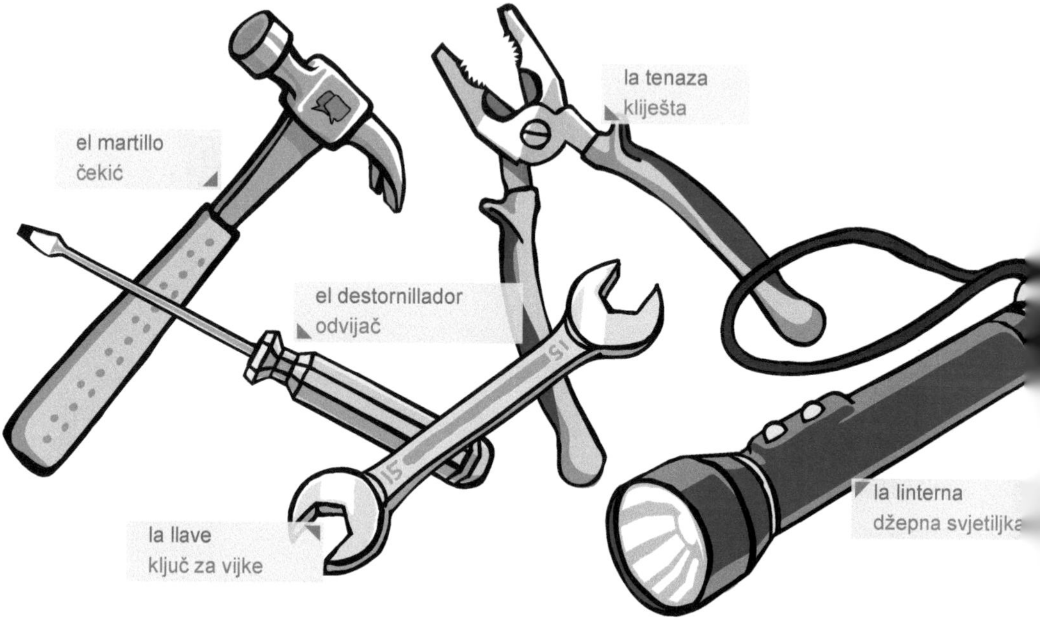

el martillo
čekić
la tenaza
kliješta
el destornillador
odvijač
la llave
ključ za vijke
la linterna
džepna svjetiljka

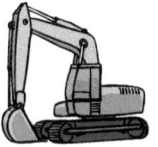

la excavadora

rovokopač

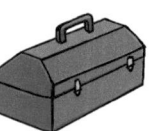

la caja de herramientas

kutija za alat

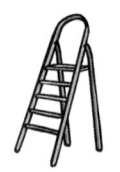

la escalera portátil

ljestve

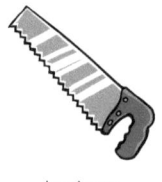

la sierra

pila

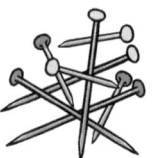

los clavos

ekser

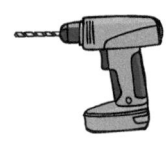

el taladro

bušilica

arreglar

popraviti

la pala de jardín

lopata

¡Qué bronca!

Sranje!

la pala de plástico

lopatica

el tacho de pintura

lonac za boju

los tornillos

vijci

los instrumentos musicales
glazbeni instrument

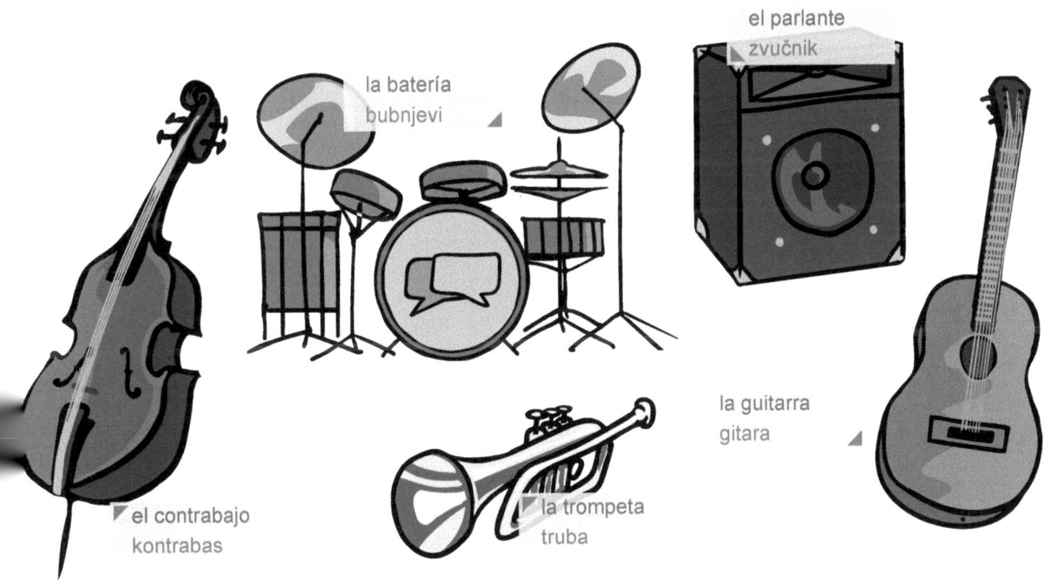

el parlante
zvučnik

la batería
bubnjevi

la guitarra
gitara

el contrabajo
kontrabas

la trompeta
truba

el piano

klavir

el violín

violina

el bajo

bas

los timbales

timpani

el tambor

udaraljke za bubnjeve

el teclado

keyboard

el saxofón

saksofon

la flauta

flauta

el micrófono

mikrofon

el zoológico
zoološki vrt

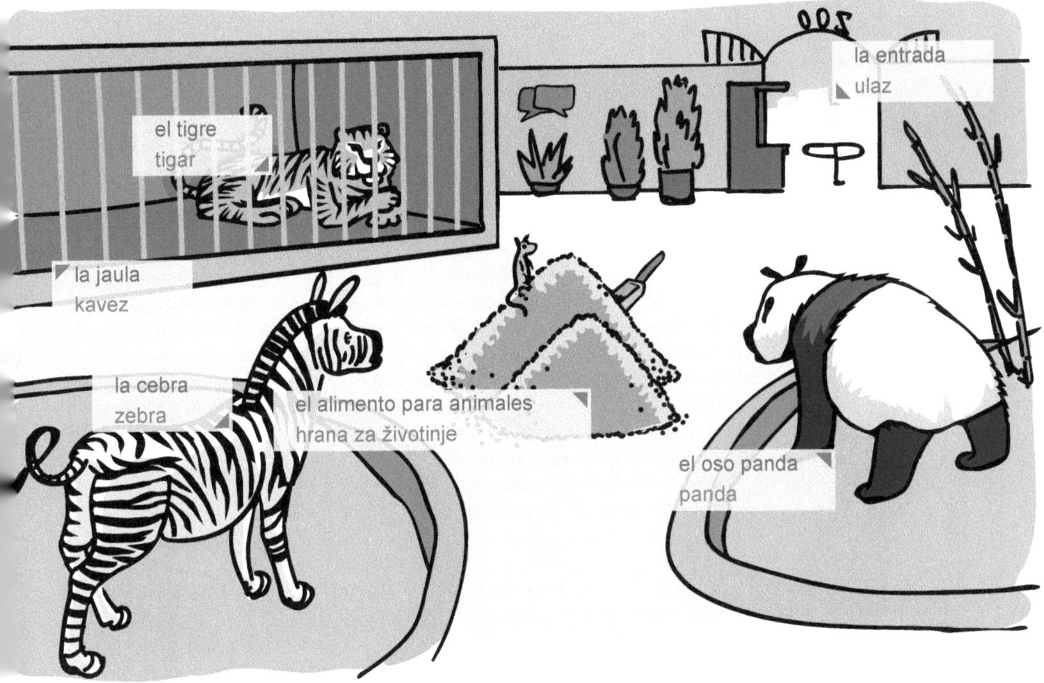

la entrada
ulaz
el tigre
tigar
la jaula
kavez
la cebra
zebra
el alimento para animales
hrana za životinje
el oso panda
panda

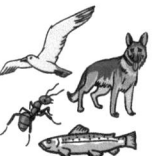

los animales

životinje

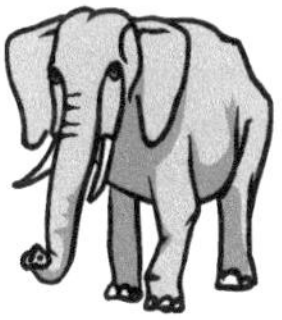

el elefante

slon

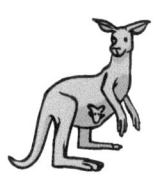

el canguro

kengur

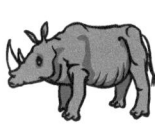

el rinoceronte

nosorog

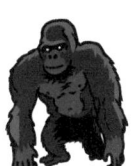

el gorila

gorila

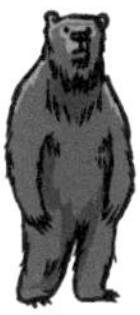

el oso

medvjed

el camello

kamila

el avestruz

noj

el león

lav

el mono

majmun

el flamenco

flamingo

el loro

papagaj

el oso polar

polarni medvjed

el pingüino

pingvin

el tiburón

ajkula

el pavo real

paun

la serpiente

zmija

el cocodrilo

krokodil

el cuidador del zoológico

čuvar u zoološkom vrtu

la foca

tuljan

el jaguar

jaguar

el poni

poni

el leopardo

leopard

el hipopótamo

nilski konj

la jirafa

žirafa

el águila

orao

el jabalí

divlja svinja

el pescado

riba

la tortuga

kornjača

la morsa

morž

el zorro

lisica

la gacela

gazela

el fútbol americano
američki nogomet

el ciclismo
biciklizam

el tenis
tenis

el básquet
košarka

la natación
plivanje

el boxeo
boks

el hockey sobre hielo
hockey na ledu

el fútbol
nogomet

el bádminton
badminton

el atletismo
atletika

el handball
rukomet

el esquí
skijanje

el polo
polo

saltar
skočiti

abrazar
zagrliti

reír
smijati se

caminar
ići

cantar
pjevati

soñar
sanjati

rezar
moliti se

besar
poljubiti

escribir
....
pisati

dibujar
....
crtati

mostrar
....
pokazati

presionar
....
gurati

dar
....
dati

tomar
....
uzeti

tener
imati

hacer
činiti

ser
biti

estar parado
stojati

correr
trčati

tirar
povlačiti

tirar
baciti

caer
padati

estar acostado
ležati

esperar
čekati

llevar
nositi

estar sentado
sjediti

vestirse
oblačiti

dormir
spavati

despertar
probuditi se

mirar

gledati

llorar

plakati

acariciar

milovati

peinar

češljati

hablar

govoriti

entender

razumjeti

preguntar

pitati

escuchar

slušati

beber

piti

comer

jesti

ordenar

pospremiti

amar

voljeti

cocinar

kuhati

manejar

voziti

volar

letjeti

las actividades - aktivnosti

navegar
ploviti

calcular
računati

leer
čitati

aprender
učiti

trabajar
raditi

casarse
vjenčati se

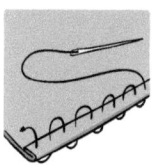

coser
šiti

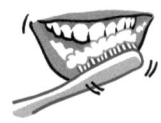

cepillarse los dientes
prati zube

matar
ubiti

fumar
pušiti

enviar
poslati

la familia
obitelj

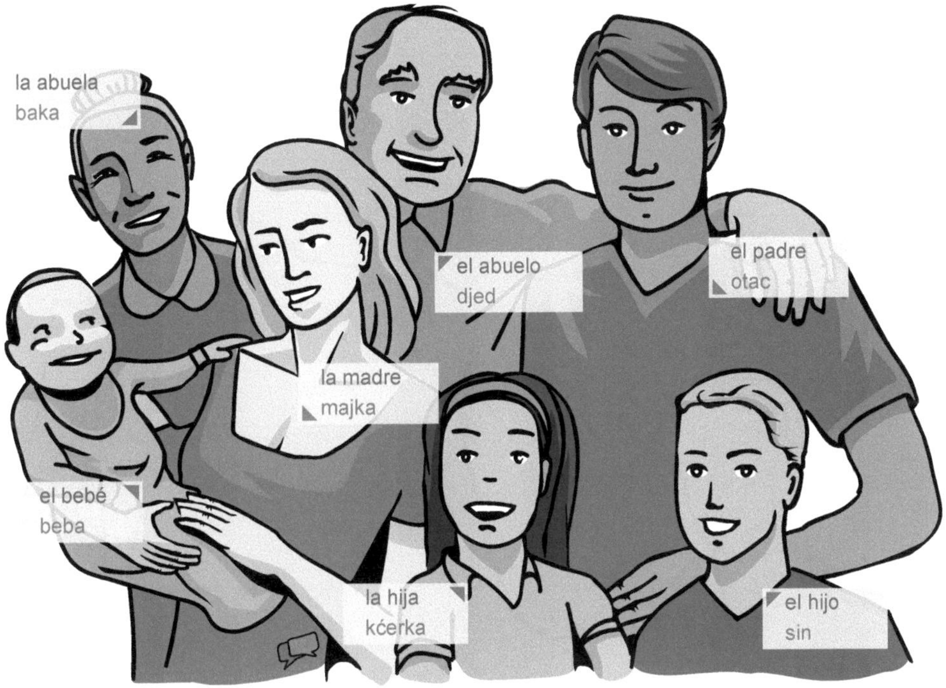
la abuela
baka
el abuelo
djed
el padre
otac
la madre
majka
el bebé
beba
la hija
kćerka
el hijo
sin

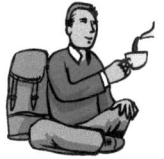

el invitado

gost

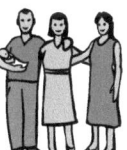

la tía

tetka

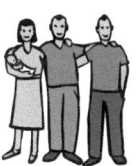

el tío

ujak, stric

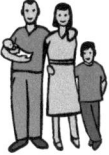

el hermano

brat

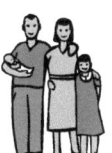

la hermana

sestra

el cuerpo

tijelo

la frente
čelo
el ojo
oko
el hombro
rame
el dedo
prst
la cara
lice
la pera
brada
la mano
ruka
el pecho
grudi
la pierna
noga
el brazo
ruka

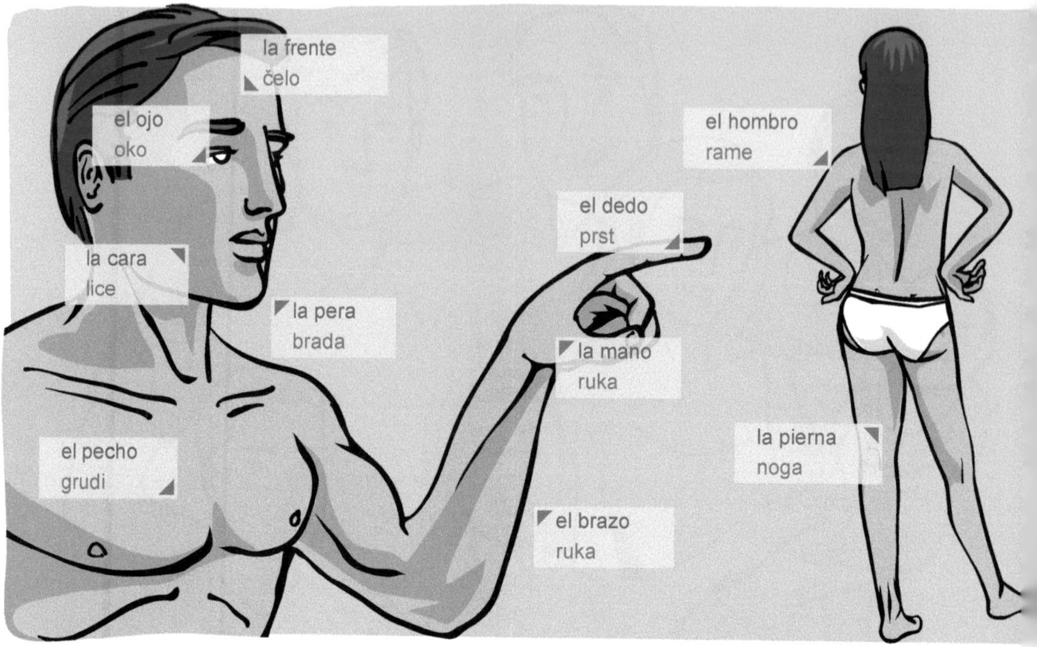

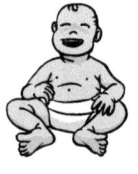

el bebé

beba

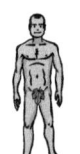

el hombre

muškarac

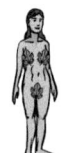

la mujer

žena

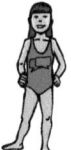

la nena

djevojčica

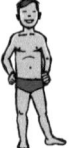

el nene

dječak

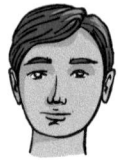

la cabeza

glava

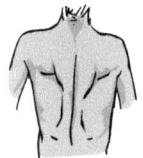

la espalda

leđa

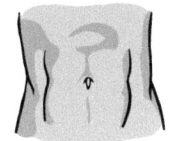

la panza

trbuh

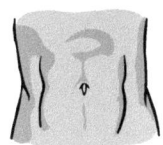

el ombligo

pupak

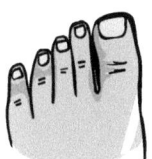

el dedo del pie

nožni prst

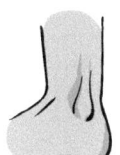

el talón

peta

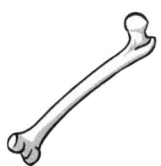

el hueso

kost

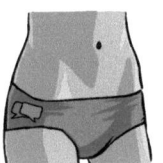

la cadera

kuk

la rodilla

koljeno

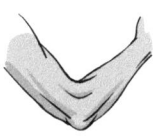

el codo

lakat

la nariz

nos

la cola

stražnjica

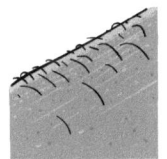

la piel

koža

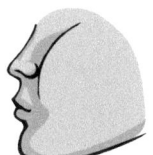

el cachete

obraz

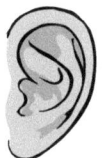

la oreja

uho

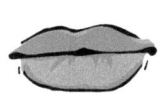

el labio

usna

la boca

usta

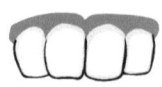

el diente

zub

la lengua

jezik

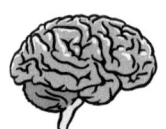

el cerebro

mozak

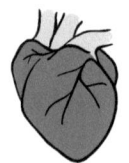

el corazón

srce

el músculo

mišić

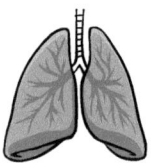

el pulmón

pluća

el hígado

jetra

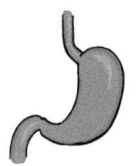

el estómago

želudac

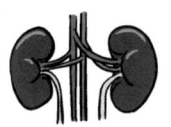

los riñones

bubrezi

el sexo

snošaj

el preservativo

kondom

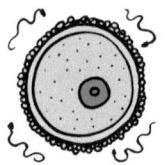

el óvulo

jajna stanica

el semen

sperma

el embarazo

trudnoća

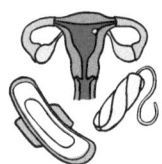

la menstruación

menstruacija

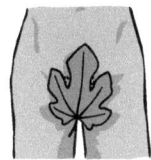

la vagina

vagina

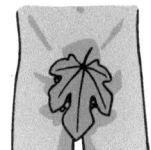

el pene

penis

la ceja

obrva

el pelo

kosa

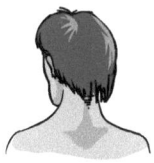

el cuello

vrat

el hospital
bolnica

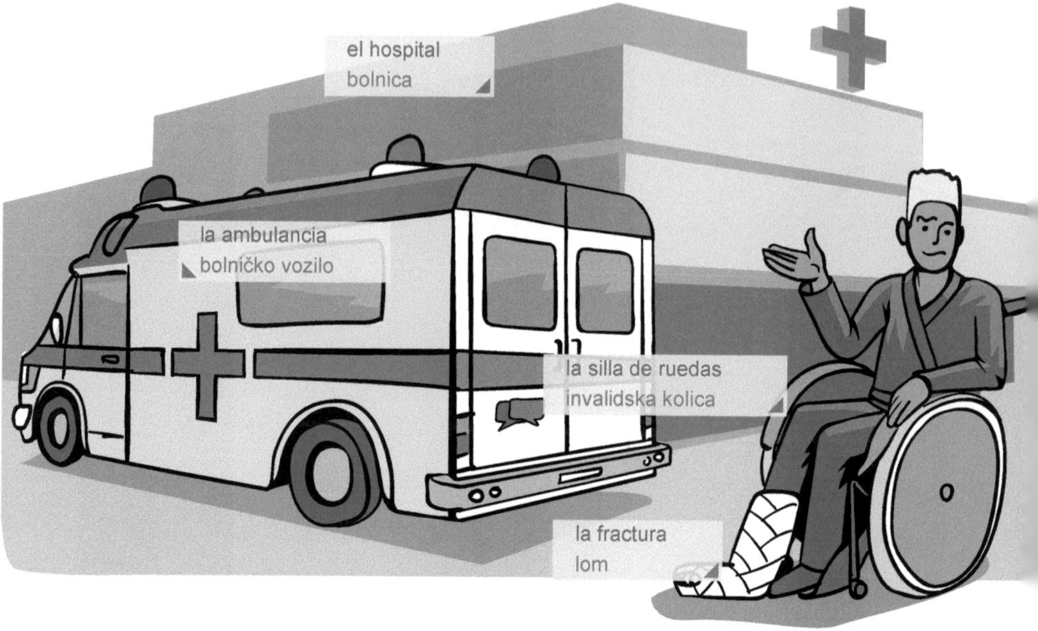

el hospital
bolnica
la ambulancia
bolničko vozilo
la silla de ruedas
invalidska kolica
la fractura
lom

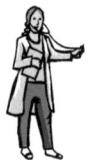

el médico

liječnik

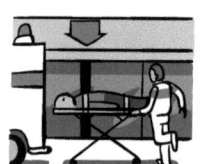

la sala de guardia

hitna medicinska služba

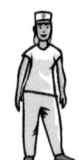

la enfermera

medicinska sestra

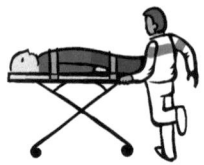

la emergencia

hitni slučaj

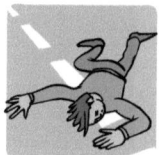

inconsciente

nesvijest

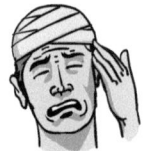

el dolor

bol

la lesión
ozljeda

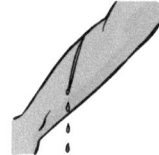

la hemorragia
krvarenje

el infarto
srćani infarkt

el ACV
moždani udar

la alergia
alergija

la tos
kašalj

la fiebre
groznica

la gripe
gripa

la diarrea
proljev

el dolor de cabeza
glavobolja

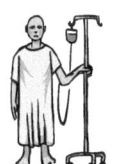

el cáncer
rak

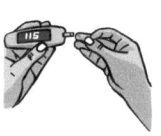

la diabetes
dijabetes

el cirujano
kirurg

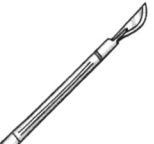

el bisturí
skalpel

la operación
operacija

la TC

ct

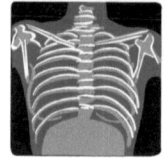

los rayos x

rentgen

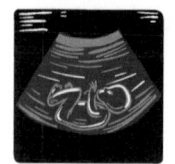

la ecografía

ultrazvuk

el barbijo

maska

la enfermedad

bolest

la sala de espera

čekaonica

la muleta

štaka

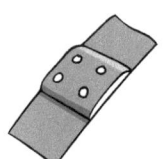

la curita

flaster

la venda

zavoj

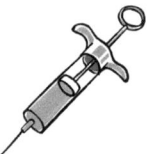

la inyección

injekcija

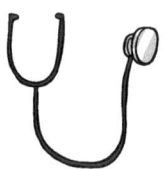

el estetoscopio

stetoskop

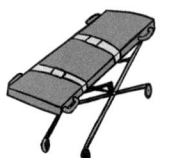

la camilla

nosilo

el termómetro

termometar

el nacimiento

rođenje

el sobrepeso

prekomjerna težina

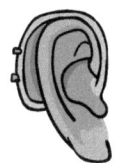

el audífono

slušni aparat

el desinfectante

sredstvo za dezinfekciju

la infección

infekcija

el virus

virus

el VIH / SIDA

hiv / sida

el remedio

medicina

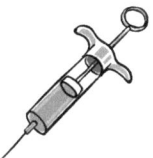

la vacunación

vakcinacija

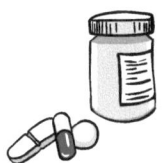

los comprimidos

tablete

la pastilla anticonceptiva

pilula

la llamada de emergencia

poziv u pomoć

el tensiómetro

uređaj za mjerenje tlaka

enfermo / sano

bolesno / zdravo

¡Ayuda!

pomoć!

la alarma

alarm

la agresión

nasrtaj

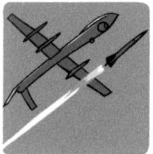

el ataque

napad

el peligro

opasnost

la salida de emergencia

izlaz za nuždu

¡Fuego!

požar!

el matafuego

vatrogasni aparat

el accidente

nezgoda

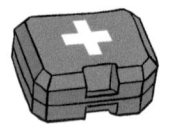

el botiquín de primeros
auxilios

kofer prve pomoći

el SOS

sos

la policía

policija

Europa

Europa

América del Norte

sjeverna amerika

América del Sur

južna amerika

África

Afrika

Asia

Azija

Australia

Australija

el Atlántico

Atlantik

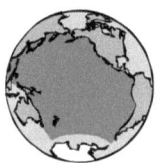

el Pacífico

Pacifik

el Océano Índico

ocean

el Océano Antártico

antarktički ocean

el Océano Ártico

arktički ocean

el polo norte

sjeverni pol

el polo sur

južni pol

la Antártida

Antarktik

la Tierra

zemlja

la tierra

zemlja

el mar

more

la isla

otok

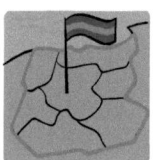

la nación

nacija

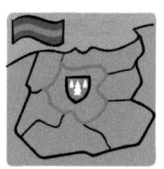

el estado

država

la esfera

brojčanik sata

la manecilla de las horas

satna kazaljka

el minutero

minutna kazaljka

el segundero

sekundna kazaljka

¿Qué hora es?

Koliko je sati?

el día

dan

la hora

vrijeme

ahora

sada

el reloj digital

digitalni sat

el minuto

minuta

la hora

sat

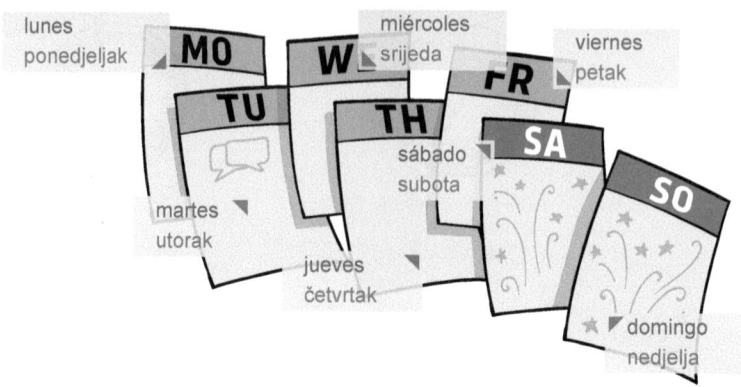

lunes
ponedjeljak

miércoles
srijeda

viernes
petak

martes
utorak

jueves
četvrtak

sábado
subota

domingo
nedjelja

ayer

jučer

hoy

danas

mañana

sutra

la mañana

jutro

el mediodía

podne

la tarde

večer

MO	TU	WE	TH	FR	SA	SU
1	2	3	4	5	6	7
8	9	10	11	12	13	14
15	16	17	18	19	20	21
22	23	24	25	26	27	28
29	30	31	1	2	3	4

los días hábiles

radni dani

MO	TU	WE	TH	FR	SA	SU
1	2	3	4	5	6	7
8	9	10	11	12	13	14
15	16	17	18	19	20	21
22	23	24	25	26	27	28
29	30	31	1	2	3	4

el fin de semana

vikend

la lluvia
kiša

el arco iris
duga

la nieve
snijeg

el viento
vjetar

la primavera
proljeće

el otoño
jesen

el verano
ljeto

el invierno
zima

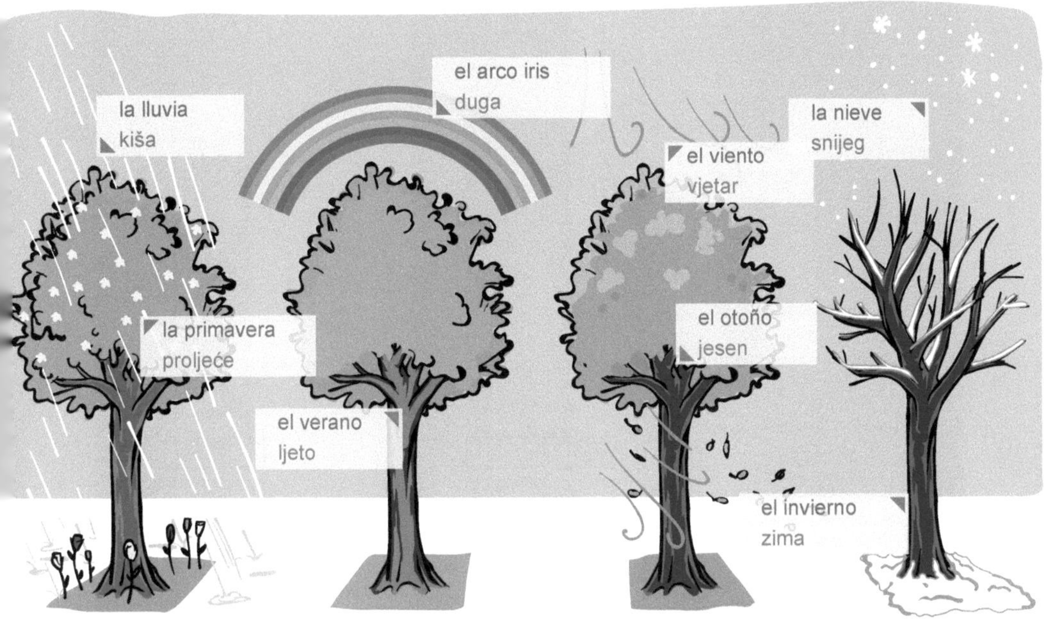

el pronóstico meteorológico

meteorološka prognoza

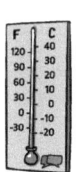

el termómetro

termometar

la luz del sol

sunčana svjetlost

la nube

oblak

la niebla

magla

la humedad

vlažnost zraka

el rayo

munja

el trueno

grmljavina

la tormenta

oluja

el granizo

tuča

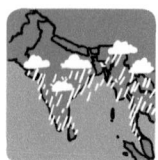

el monzón

monsun

la inundación

poplava

el hielo

led

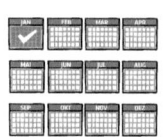

enero

siječanj

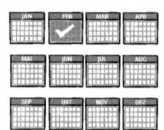

febrero

veljača

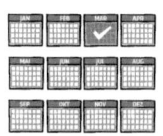

marzo

ožujak

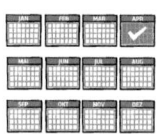

abril

travanj

mayo

svibanj

junio

lipanj

julio

srpanj

agosto

kolovoz

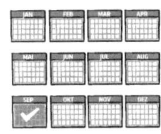

septiembre

rujan

octubre

listopad

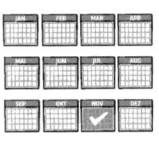

noviembre

studeni

diciembre

prosinac

las formas
oblici

el círculo

krug

el cuadrado

kvadrat

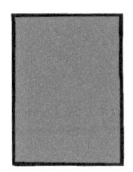

el rectángulo

pravokutnik

el triángulo

trokut

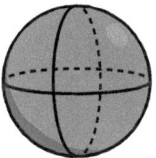

la esfera

kugla

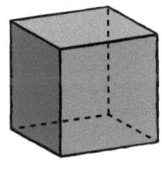

el cubo

kocka

colores
boje

blanco
bijela

amarillo
žuta

naranja
narančasta

rosa
ružičasta

rojo
crvena

violeta
ljubičasta

azul
plava

verde
zelena

marrón
smeđa

gris
siva

negro
crna

mucho / poco

mnogo / malo

enojado / tranquilo

ljutito / mirno

lindo / feo

lijepo / ružno

el principio / el fin

početak / kraj

grande / chico

veliko / maleno

claro / oscuro

svijetlo / tamno

el hermano / la hermana

brat / sestra

limpio / sucio

čisto / prljavo

completo / incompleto

potpuno / nepotpuno

el día / la noche

dan / noć

muerto / vivo

mrtvo / živo

ancho / angosto

široko / usko

comestible / no comestible

....

jestivo / nejestivo

malo / amable

....

zlo / dobro

entusiasmado / aburrido

....

uzbuđeno / dosadno

gordo / flaco

....

debelo / mršavo

primero / último

....

na početku / na kraju

el amigo / el enemigo

....

prijatelj / neprijatelj

lleno / vacío

....

puno / prazno

duro / blando

....

tvrdo / mekano

pesado / liviano

....

teško / lagano

el hambre / la sed

....

glad / žeđ

enfermo / sano

....

bolesno / zdravo

ilegal / legal

....

ilegalno / legalno

inteligente / estúpido

....

pametno / glupo

izquierda / derecha

....

lijevo / desno

cerca / lejos

....

blizu / daleko

nuevo / usado

novo / rabljeno

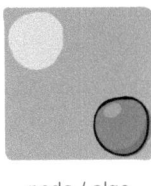

nada / algo

ništa / nešto

viejo / joven

staro / mlado

encendido / apagado

uključeno / isključeno

abierto / cerrado

otvoreno / zatvoreno

silencioso / ruidoso

tiho / glasno

rico / pobre

bogato / siromašno

correcto / incorrecto

točno / pogrešno

áspero / suave

hrapavo / glatko

triste / contento

tužno / sretno

corto / largo

kratko / dugo

lento / rápido

polako / brzo

mojado / seco

mokro / suho

caliente / frío

toplo / hladno

guerra / paz

rat / mir

los opuestos - suprotnosti

0

cero

nula

1

uno

jedan

2

dos

dva

3

tres

tri

4

cuatro

četiri

5

cinco

pet

6

seis

šest

7

siete

sedam

8

ocho

osam

9

nueve

devet

10

diez

deset

11

once

jedanaest

12

doce

dvanaest

13

trece

trinaest

14

catorce

četrnaest

15

quince

petnaest

16

dieciséis

šestnaest

17

diecisiete

sedamnaest

18

dieciocho

osamnaest

19

diecinueve

devetnaest

20

veinte

dvadeset

100

cien

stotinu

1.000

mil

tisuću

1.000.000

el millón

milijun

los números - brojevi

el inglés

engleski

el inglés americano

američko engleski

el chino mandarín

kinesko mandarinski

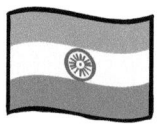

el hindi

hindi

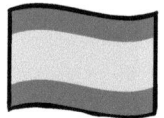

el español

španjolski

el francés

francuski

el árabe

arapski

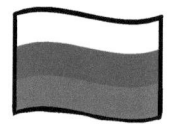

el ruso

ruski

el portugués

portugalski

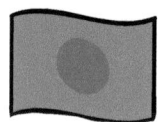

el bengalí

bengalski

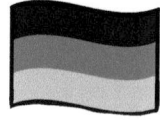

el alemán

njemački

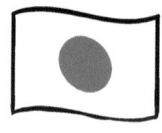

el japonés

japanski

yo

ja

vos

ti

él / ella

on / ona / ono

nosotros

mi

ustedes

vi

ellos

oni

¿quién?

tko?

¿qué?

što?

¿cómo?

kako?

¿dónde?

gdje?

¿cuándo?

kada?

el nombre

ime

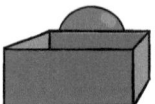

detrás

iza

en

u

adelante de

ispred

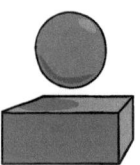

por encima de

preko

sobre

na

debajo de

ispod

al lado de

pored

entre

između

el lugar

mjesto

.